Hildegard und Felix
Rohner-Dobler

Feuer in mir

Mein Firmtagebuch

Kösel

Die Illustrationen dieses Buches stammen von Hildegard Rohner-Dobler

Textnachweis:
S. 5: Konstantin Wecker, aus: Petterson und Findus. Das Musical. Verlag für Kindertheater Uwe Weitendorfer GmbH, Hamburg 2001
S. 22: Michael Meade, aus: Die Männer und das Wasser des Lebens, © List Verlag, München 1994
S. 31: Walt Whitman, aus: Nancy H. Kleinbaum: Der Club der toten Dichter, © Lübbe, Bergisch Gladbach 1990
S. 33: Anselm Grün, aus: Buch der Sehnsucht, © Verlag Herder, Freiburg, 2003
S. 39: Robert Frost, aus: Nancy H. Kleinbaum: Der Club der toten Dichter, © Lübbe, Bergisch Gladbach 1990
S. 41: Dorothee Sölle, aus: Phantasie und Gehorsam. Kreuz-Verlag, Stuttgart 1968
S. 41: Eugen Drewermann, aus: Wort des Heils. Worte der Heilung. Band 1, Patmos Verlag, Düsseldorf 1993, © der Schwaben Verlag, Ostfildern
S. 51: Clarissa Pinkola Estés, aus: Die Wolfsfrau, © Heyne Verlag, München 1993
S. 63: Henry David Thoreau: aus: Nancy H. Kleinbaum: Der Club der toten Dichter, © Lübbe, Bergisch Gladbach 1990
S. 64: Allan Guggenbühl, aus: Wer aus der Reihe tanzt, lebt intensiver, © Kösel-Verlag, München 2001

Einige Quellenangaben sind trotz Bemühungen des Verlags nicht oder nur ungenau möglich. Der Verlag ist für weiterführende Hinweise dankbar.

MIX
Papier aus verantwortungsvollen Quellen
FSC® C013736

Verlagsgruppe Random House FSC-DEU-0100
Das für dieses Buch verwendete FSC®-zertifizierte Papier
Munken Lynx liefert Arctic Paper Munkedals AB, Schweden.

3. Auflage 2011

Umschlag: Agentur Kosch, München
Umschlagmotiv: Zefa Düsseldorf. Krecichwost
Druck und Bindung: Kösel, Krugzell
Printed in Germany
ISBN 978-3-466-36651-4

Weitere Informationen zu diesem Buch und unserem gesamten
lieferbaren Programm finden Sie unter
www.koesel.de

4/5

Zu Haus bist du dort, wo dein Herz ist,
und dein Herz weiß genau, wer du bist.

Konstantin Wecker

Meine Familie
Meine Herkunft

Meine Mutter:

Mein Vater:

Meine Geschwister:

Meine Großmütter:

Meine Großväter:

Meine Taufpaten, meine Taufpatinnen:

Mein Firmpate, meine Firmpatin:

An meiner Familie gefällt mir:

Ich liebe mich,
weil ich bin!

Name: ______________________

Adresse: ______________________

____

Geboren am: ______________________

Telefon/Handy: ______________________

Foto

Mein Freiraum

- An welchem Ort fühlst du dich frei?
- Wie ist dein Lieblingsplatz zum Alleinsein?
- Wohin ziehst du dich zurück, wenn du traurig bist oder einen Fehler gemacht hast?

Mein Freiraum – eigene Notizen:

Gemeinsam unterwegs

Unsere Firmbegleiter, unsere Firmbegleiterinnen:

Adressen:

Telefon/ Handy:

Unsere Firmtreffen:

Unsere Vorstellung im Gemeindegottesdienst:

Unsere Firmung:

Weitere Termine zur Firmung:

Zu unserer Firmgruppe gehören:

Mein innerer Raum – Feuer in mir

Jeder Mensch kennt einen äußeren Raum, an dem er sich wohl fühlt: an den er zurückkehrt, wenn es ihm schlecht geht. Oft ist dieser Raum seit Kindertagen derselbe: das eigene Zimmer, eine bestimmte Schaukel am Spielplatz, ein nahe gelegenes Stück Wald ...
Genauso besitzt jeder Mensch tief in sich selbst einen inneren Raum. Niemand auf der Welt hat Zutritt zu diesem persönlichen Bereich. Nur du selbst und Gott kennen die Geheimnisse deines inneren Raumes.
In diesem inneren Raum wohnen deine Träume, deine innerste Sehnsucht, dein Feuer und dein Lebenssinn. Hier wohnt Gott, der dich schon vor deiner Zeit im Mutterleib auserwählt hat.
Im Mutterleib und als ganz kleines Baby warst du in engem Kontakt mit deinem inneren Raum, dem heiligen Feuer. Der Daseinskampf und die Kälte der Welt, auf die Kinder in der Regel stoßen, lassen das Feuer beinahe erkalten. Der Zugang zum inneren Raum, zur eigenen Sehnsucht und dem Lebenssinn gehen beinahe verloren. Doch in der Zeit der Jugend, der äußeren und inneren Verwandlung, beginnt dieses Feuer von Neuem aufzulodern. Jugendliche gehen verstärkt ihren Träumen nach, versuchen ihrer Sehnsucht auf den Grund zu gehen und fragen sich:

»Wer bin ich
in dieser Welt?«

Ich bin ich!

Unter sechs Milliarden Menschen:
Es gibt mich nur einmal
auf der ganzen Welt.

Mit meinen Augen,
meinem Mund,
meinen Ohren,
meiner Nase;
meinen Händen
mit meinem speziellen Finger-
abdruck.
Mit meinem ganzen Körper:
Es gibt mich nur einmal
auf der ganzen Welt.

Mit meinen Gedanken,
meinem Herzen,
mit meiner Seele.
Mit meinem Charakter,
meinen Stärken,
meinen Schwächen:
Ich bin ich.
Es gibt mich nur einmal
auf der ganzen Welt.

Natürlich:
Ich bin beeinflusst, gebogen,
erzogen.
Trotzdem: Ich bin ich!
In mir brennt ein Feuer,
eine Sehnsucht,
eine heilige Glut.
Die war schon da,
bevor ich geboren wurde.
Ich bin ich.

Ich will leben!
Mein eigenes Leben leben.
Ich möchte nicht leben,
nur um Wünsche
anderer zu erfüllen.
Und ich möchte nicht, dass andere
nur für mich da sind
und mich für immer versorgen.
Ich bin ich.

Freilich muss ich auch Dinge tun,
weil es andere so wollen.
Aber täglich denke und tue ich
Tausende von Dingen, weil ich es will.
Ich habe Stärken
und Schwächen.
Bin manchmal alleine,
manchmal gemeinsam
mit Freunden und Familie.

Ich bin ich.
Es gibt mich nur einmal
auf der ganzen Welt.
Nicht immer kenne ich meinen Weg.
Ich habe Fragen
und finde nicht immer Antwort.

Das Feuer in meinem Bauch
kennt mich.
Meine Sehnsucht
zeigt mir meinen Weg.
Damit ich immer mehr werde,
wer ich bin.
Ein Original!
Unverwechselbar!
Unter sechs Milliarden Menschen:
Ich bin ich.

AUTOR UNBEKANNT

Der wahre Beruf
eines jeden Menschen
ist es:
zu sich selbst zu finden.

Hermann Hesse

*Stell dir vor, du erhältst von deinem Feuer,
von deinem Herzen, deiner Sehnsucht
einen Brief oder eine SMS.
Schreibe auf – in einem Satz oder einer längeren Geschichte, was dein Herz dir sagen will:*

Irgendwo, im Kern deiner Seele,
ruht ein Körnchen königlicher Würde
und königlichen Verhaltens.

Um diesen Kern herum
wächst die Seele.

Das Leben
ist eine langsame Enthüllung
dieses besonderen Kerns.

Jeder Mensch
kennt einen Pfad,
der zu diesem besonderen Kern,
zu diesem geheimen Sinn
des Selbst führt.

Michael Meade

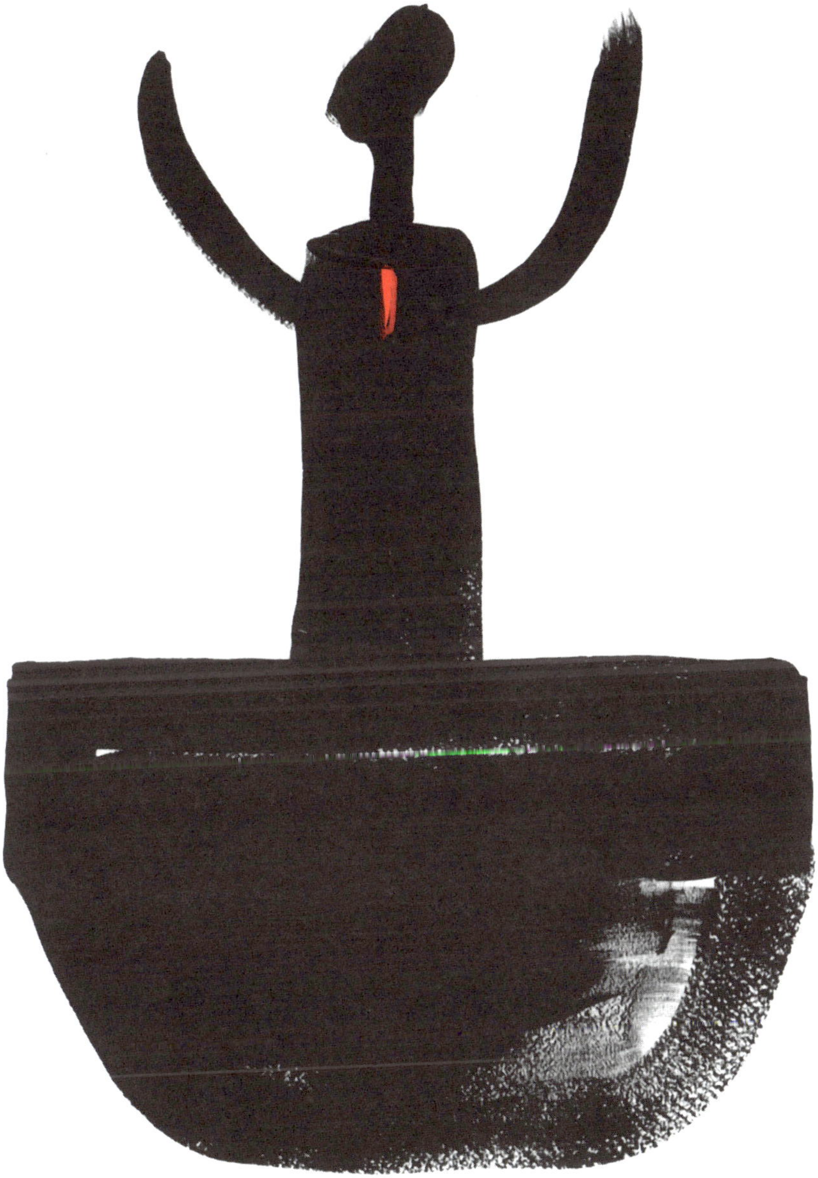

Firmung –
das Feuer hüten

Paul: Onkel Rupert, möchtest du mein Firmpate werden?

Onkel Rupert: Ich? Wie kommst du denn ausgerechnet auf mich? Ich bin doch schon fast sechzig. Du hast doch jüngere Onkel, die so was übernehmen können.

Paul: Unsere Religionslehrerin hat gesagt: »Sucht euch einen Paten aus, den ihr gerne habt und der Zeit für euch hat. Zeit ist wichtiger als teure Geschenke. Sucht jemand, zu dem ihr eine gewisse Seelenverwandtschaft spürt.« Da hab ich gleich an dich gedacht. Zudem hast du früher in der Kirche gearbeitet und kennst dich mit Glauben und Firmung aus.

Onkel Rupert: Und was erwartest du von mir als deinem Firmpaten?

Paul: Na, ja. Dass du eben Zeit für mich hast. Dass wir manchmal zusammen angeln gehen und ich zu dir kommen kann, wenn ich Streit mit Mama oder Papa habe.

ONKEL RUPERT: Aha. Und was erwartest du dir von deiner Firmung?

PAUL: Das weiß ich noch nicht. Ich gehe ja fast nie in die Kirche. Vielleicht lernen wir das mal in Reli. Was ist denn Firmung überhaupt? Was ist es für dich?

ONKEL RUPERT: Ich versuch's mal. Das deutsche Wort Firmung kommt von »firmare«, das »bestärken, befestigen, Stehvermögen schenken« bedeutet. Die Firmung ist die Fortsetzung oder besser der Abschluss der Taufe. Damals feierten deine Eltern, dass Gott dich ohne Bedingung, ohne irgendeine Leistung liebt. Das gab deinen Eltern vielleicht die Kraft, dich so zu lieben, wie du bist.

PAUL: Meistens ist ihnen das auch gelungen, doch in letzter Zeit kritisieren sie immer öfter an mir herum und das meist nur wegen dieser lächerlichen Schule.

ONKEL RUPERT: Deshalb finde ich die Firmung im Jugendalter besonders schön. Die Firmung möchte dich als Jugendlichen in deinem Menschsein bestärken, möchte, dass du dem Feuer, das du in dir spürst, auch folgst, damit du zu dir selber stehst und dein eigenes Leben lebst und nicht nur vor dich hin lebst und tust, was Gesellschaft, Werbung und Mode dir vorschreiben.

PAUL: Und warum muss ich dazu in die Kirche? Bestärken kannst du mich auch beim Angeln.

Onkel Rupert: Die Firmung ist eines der sieben Sakramente, eines der sieben großen Rituale der Kirchen. Ich glaube, Rituale sind wichtig. In einem Ritual trauen sich Menschen etwas zu sagen oder eine Handlung zu begehen, die sie sonst vielleicht nicht tun würden. Deine Eltern müssen nun lernen, dich langsam loszulassen. Die Feier der Firmung kann ihnen dabei helfen, dich so erwachsen werden zu lassen, wie du es für richtig hältst, ja dich gerade darin zu bestärken, dass du deinem inneren Feuer folgst.

Paul: Aber erwachsen werde ich sowieso. Meinem Feuer, meiner Sehnsucht kann ich auch ohne Kirche folgen. Was brauch ich da die Firmung?

Onkel Rupert: Gute Frage. Natürlich wird jeder Mensch früher oder später erwachsen. Im Sakrament der Firmung bzw. in allen Sakramenten feiern wir ja nicht etwas, das es sonst in der Welt nicht gäbe. Es ist gerade umgekehrt: In der Firmung feiern wir, dass du jetzt erwachsen wirst, dass dich Gottes Geist begleitet und dass die Kirchen anerkennen, was wirklich ist. Auf den ersten Blick ist ein Sakrament »nutzlos«. Wir feiern, was sowieso Realität ist. Doch die nutzlosen Dinge sind oft die schönsten. Ob du deine Geburtstage feierst oder nicht: Du wirst trotzdem älter. Das Feiern aber, die Lieder, die Kerzen auf dem Kuchen und die Geschenke machen das Leben schön.

Paul: Das stimmt. Die nutzlosen Dinge im Leben sind oft die schönsten: Feste feiern, spielen, lachen, tanzen ... so sein, wie ich bin.

Onkel Rupert: Haargenau! Erwachsen werden bedeutet zum einen, mehr Freiheit zu bekommen, zum anderen auch mehr Verantwortung zu erhalten für mich selbst und die Gemeinschaft, in der ich lebe.
Die Firmung in der Kirche bestärkt und bestätigt dies: Spüre das Feuer in dir und hüte es, geh deinen Weg, denn Gott und das Leben ist auf deiner Seite!

Ich und
mein Leben

Wozu bin ich da?
Wozu nützt dieses Leben?

Die Antwort:
Damit du hier bist!
Damit das Spiel der Mächte weiterbesteht
Und du deinen Vers dazu beitragen kannst.

Walt Whitman

... und du deinen Vers
dazu beitragen kannst!

Das Feuer in seiner Seele
nie ausgehen lassen,
sondern es schüren –
damit die Welt nicht erkaltet und verhärtet.

Anselm Grün

Labyrinth –
Ich gehe meinen Weg

Entgegen den allgemeinen Vorstellungen und dem Sprachgebrauch ist das Labyrinth kein Irrgarten.
Die alten Labyrinthe haben weder Sackgassen noch Kreuzungen, noch Wege ins Ungewisse. Der einzige Weg führt – auf vielen Umwegen – ins Zentrum.
An diesem Punkt muss der Durchschreitende umkehren, um den Ausgang wiederzugewinnen.
Das kretische Labyrinth hat sieben Umgänge. Es wird angenommen, dass es ursprünglich die Figur für einen Gruppentanz war. Die Tänzerkette habe die Wegbahnen des Labyrinths durchtanzt, bis sie zur Mitte gelangte, umkehrte und den Weg zurück ins Freie fand.

Der kretische Labyrinthtanz wurde vermutlich am Wendepunkt von der Kindheit zur Jugend getanzt. Auf vielen Umwegen näherten sich die Kinder ihrer eigenen Mitte, ihrem inneren Feuer und Lebenssinn, »starben« dort einen symbolischen Tod (das Kindsein). In ihrer Mitte wurden sie zu neuem Leben als Erwachsene auferweckt. Auf vielen Umwegen kehrten sie dann als gereifte Menschen wieder in ihre Gemeinschaft zurück und gaben ihr Feuer, ihre Begabungen an die anderen weiter.

- Fahre mit einem Farbstift den Weg dieses Labyrinths nach.
- Stelle besonders tief greifende Erlebnisse und Wendepunkte deines Lebens mit einem Symbol dar.
- In der Mitte des Labyrinths kannst du deine tiefste Sehnsucht, dein heiliges Feuer, deinen Wesenskern darstellen.

Halt an!
Wo läufst du hin?
Der Himmel ist in dir:
Suchst du Gott anderswo,
Du fehlst ihn für und für.

Angelus Silesius

Im Wald:
Zwei Wege boten sich mir.
Und ich ging den,
der weniger begangen war.

Robert Frost

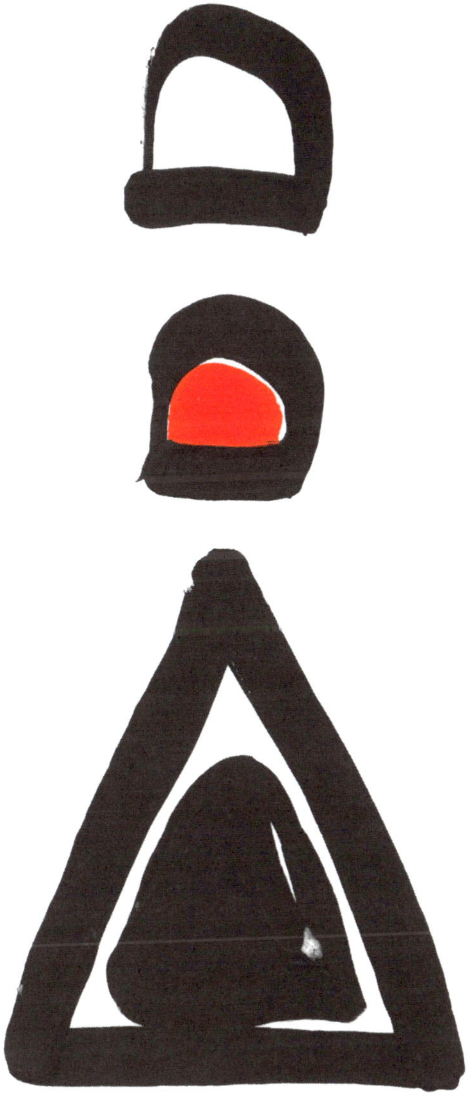

Ostergeheimnis – Das Kind stirbt und ein Erwachsener steht auf

Jesus von Nazaret ist wohl einer der bedeutsamsten Männer in der Geschichte der Menschheit.
Mit über zwanzig Jahren spürt er sein inneres Feuer ganz kraftvoll.
Er lernt seine Begabung kennen und setzt sie ein zum Wohl für die Gemeinschaft, in der er lebt.
Er geht seinen eigenen Weg konsequent, auch wenn sich die Mächtigen gegen ihn stellen.
Er stirbt am Kreuz einen qualvollen Tod und seine Jüngerinnen und Jünger spüren drei Tage danach:
Gottes Feuer hat ihn auferweckt.

Ich halte
Jesus von Nazaret
für den glücklichsten Menschen,
der je gelebt hat.

Jesus ist ein Mensch,
der seine Umgebung
mit Glück ansteckte,
der seine Kraft
weitergab,
der verschenkte,
was er hatte.

DOROTHEE SÖLLE

Jesus wollte
dass Menschen,
die nie eine Chance hatten,
die nicht lesen und nicht schreiben konnten
und das Gesetz nicht kannten,
von Gott in einer Sprache reden hörten,
die ihre eigene war.
In einfachen Bildern
lehrte er nichts weiter
als ein Stück Barmherzigkeit
und Liebe.

EUGEN DREWERMANN

»Mädchen, ich sage dir, steh auf!«

Markus 5, 21–43

Jesus fuhr im Boot wieder ans andere Ufer hinüber, und eine große Menschenmenge versammelte sich um ihn. Während er noch am See war, kam ein Synagogenvorsteher namens Jairus, das heißt: »Jahwe erweckt«, zu ihm. Als er Jesus sah, fiel er ihm zu Füßen und flehte ihn um Hilfe an; er sagte: Meine Tochter liegt im Sterben. Komm und lege ihr die Hände auf, damit sie wieder gesund wird und am Leben bleibt. Da ging Jesus mit ihm ... (Da) kamen Leute, die zum Haus des Synagogenvorstehers gehörten, und sagten (zu Jairus): Deine Tochter ist gestorben. Warum bemühst du den Meister noch länger? Jesus, der diese Worte gehört hatte, sagte zu dem Synagogenvorsteher: Sei ohne Furcht; glaube nur! Und er ließ keinen mitkommen, außer Petrus, Jakobus und Johannes, den Bruder des Jakobus. Sie gingen zum Haus des Synagogenvorstehers. Als Jesus den Lärm bemerkte und hörte, wie die Leute laut weinten und jammerten, trat er ein und sagte zu ihnen: Warum schreit und weint ihr? Das Kind ist nicht gestorben, es schläft nur. Da lachten sie ihn aus. Er aber schickte alle hinaus und nahm außer seinen Begleitern nur die Eltern mit in den Raum, in dem das Kind lag. Er fasste das Kind an der Hand und sagte zu ihm: Talita kum!, das heißt übersetzt: Mädchen, ich sage dir, steh auf! Sofort stand das Mädchen auf und ging umher. Es war zwölf Jahre alt. Die Leute gerieten außer sich vor Entsetzen. Doch er schärfte ihnen ein, niemand dürfe etwas davon erfahren; dann sagte er, man solle dem Mädchen etwas zu essen geben.

»Da richtete sich der Tote auf«

LUKAS 7, 11–17

Einige Zeit später ging Jesus
in eine Stadt namens Nain;
seine Jünger und eine große
Menschenmenge folgten ihm.
Als er in die Nähe des Stadttores
kam, trug man gerade einen Toten
heraus. Es war der einzige Sohn
einer Mutter, einer Witwe. Und viele
Leute aus der Stadt begleiteten sie. Als der Herr
die Frau sah, hatte er Mitleid mit ihr und sagte
zu ihr: Weine nicht! Dann ging er zur Bahre hin
und fasste sie an. Die Träger blieben stehen, und
er sagte: Ich befehle dir, junger Mann: Steh auf!
Da richtete sich der Tote auf und begann zu
sprechen, und Jesus gab ihn seiner Mutter
zurück. Alle wurden von Furcht ergriffen; sie
priesen Gott und sagten: Ein großer Prophet ist
unter uns aufgetreten: Gott hat sich seines Volkes
angenommen. Und die Kunde davon verbreitete
sich überall in Judäa und im ganzen Gebiet
ringsum.

Gemeinsam
auf dem Weg

PAUL UND SANDRA: Hallo, Onkel Rupert!

ONKEL RUPERT: Hallo, ihr beiden! Was führt euch zu mir?

SANDRA: Im Religionsunterricht haben wir den Auftrag bekommen, jemanden zum Thema Kirche zu befragen.

PAUL: Da haben wir wieder an dich gedacht. Was hältst du von der Kirche?

ONKEL RUPERT: Kirche ist für mich Gemeinschaft. Genau genommen ist es eine Gemeinschaft von Menschen, die ihr inneres Feuer spüren, die ihrer Sehnsucht nachgehen und sich gemeinsam auf den Weg machen für eine bessere Welt.

PAUL: Das spüre ich aber nicht, wenn ich mal eine Messe besuche. Dort sehe ich weder Feuer noch Sehnsucht.
Na ja, Einsatz für eine bessere Welt mag vielleicht noch stimmen.

SANDRA: Also mir geht es ähnlich. Kirche ist langweilig. Eine Ausnahme sind natürlich Jugendgottesdienste. Da ist fetzige Musik, und man trifft auch jede Menge interessanter Leute.

Onkel Rupert: Da verstehe ich euch. Mir sind die Leute in der Kirche auch oft zu fade. Was mich aber interessiert ist, wie hätte Jesus eine Kirche im dritten Jahrtausend gewollt. Was würde Jesus heute von dieser Gemeinschaft verlangen?

Es gibt ein sehr schönes Buch von einem Priester. Da vergleicht er die Kirche mit einem Baum. Ein Baum braucht zum Leben Wurzeln, einen Stamm und eine Krone mit verzweigten Ästen.

Sandra: Bäume mag ich gerne, besonders die urig und wild gewachsenen und verzweigten. Doch was meint dieser Priester mit Kirche als Baum?

Onkel Rupert: Mit den Wurzeln schöpft der Baum, also die Kirchen, aber auch jeder einzelne Mensch, Kraft aus seinem Inneren. Die Äste wachsen in die Welt hinaus und tragen reife Früchte. Der Stamm hält Äste und Wurzeln zusammen und verbindet die beiden zu einer Gemeinschaft.

Paul: Letztes Mal, als ich bei dir war, hast du ständig vom inneren Feuer geredet, jetzt redest du von Bäumen. Kannst du nicht etwas konkreter werden?

Onkel Rupert: Die wirklich wichtigen Dinge im Leben sind und bleiben immer ein Geheimnis. Wir können nur in Symbolen darüber reden und uns vielleicht dem Geheimnis nähern.
Wurzeln braucht jeder Baum, jeder Mensch und jede Gemeinschaft.
Mit den Wurzeln holt der Baum seine Kraft aus der Erde. Die Gemeinschaft der Kirchen schöpfen ihre Kraft aus Gott. Durch Gebete, Gottesdienste, Meditationen sind sie in Gott verwurzelt und wollen die Welt gerechter und besser gestalten.

Paul: Da könnten sie bei uns in der Schule anfangen. Da geht es auch nicht immer gerecht zu.

Onkel Rupert: Da gebe ich dir recht. An manchen Schulen sind es aber zum Beispiel oft die Religionslehrer, die respektvoll mit ihren Schülern und Schülerinnen umgehen.

Sandra: Ja, bei uns zum Beispiel. Wir haben eine sehr gute Beziehung zu unserer Religionslehrerin. Die ist nicht so von oben herab, wie manche anderen Lehrer.

Onkel Rupert: Ich denke, das ist der Anfang. Wenn wir in Gott verwurzelt sind, dann erkennen wir, dass vor Gott alle Menschen gleich sind. Deshalb setzen sich die Kirchen vor allem für die Schwächeren ein, für die Armen, Alten und die Kinder und auch für die Entrechteten, für Flüchtlinge usw.

Paul: Das klingt fast politisch.

Onkel Rupert: Das ist politisch, hochpolitisch sogar. In manchen Ländern Südamerikas zum Beispiel werden Priester von Polizei und Militär deswegen sogar verhaftet, gefoltert oder gar getötet.
Das ist die Kehrseite der Verwurzelung in Gott. Je tiefer die Wurzeln, desto höher werden die Äste und bringen Früchte hervor. Deswegen wollen die Kirchen die Welt friedlicher und gerechter machen und die Schöpfung bewahren.

Sandra: Die Wurzeln des Baumes Kirche könnten also so etwas wie Gebet und Meditation sein. Die Äste und die Früchte sind der Einsatz für eine bessere Welt. Was aber bedeutet dann der Stamm?

Onkel Rupert: Der Stamm hält den Baum zusammen, verbindet Wurzeln und Äste. Der Stamm der Kirchen sind die Menschen, die in ihr leben. Wir sind alle Schwestern und Brüder. Wir sind alle gleich. Die Kirchen sind Orte, wo alle das gleiche Ansehen genießen. Ob du Schülerin bist oder Bürgermeister, ob Priester oder Pensionist, alt oder jung, schwarz, rot, gelb oder weiß: Wir sind Geschwister, wir sind vom selben Stamm.

Paul: Letztes Mal beim Schulgottesdienst saß ich neben dem Direktor. Beim Friedensgruß war das ganz seltsam. Ich sagte: »Der Friede sei mit dir!« In der Kirche habe ich den Direktor geduzt.

Sandra: Der Gedanke ist witzig. Der Papst, ein schwarzer Flüchtling aus Nigeria, die mürrische alte Frau vom Fünferhaus und ich sind Geschwister.

ONKEL RUPERT: Ja. Vor Gott seid ihr alle gleich. In jedem von euch brennt ein Feuer, eine tiefe Sehnsucht. Jeder und jede möchte anerkannt und geliebt werden, wie er oder sie ist. Gott macht keinen Unterschied nach Einkommen, Alter, Hautfarbe oder Berufsausbildung. Ich denke, Gott macht nicht einmal einen Unterschied nach Religion. Gott liebt Katholiken genau gleich wie Protestanten, Muslime, Hindus, Buddhisten oder Indianer.

PAUL: So haben die Kirchen, verstanden als Baum, drei Aufgaben:

1. Wurzeln bilden:
   Tiefe finden in Gott
2. Früchte hervorbringen:
   Sich politisch für Schwächere einsetzen
3. Einen Stamm bilden:
   Wie Geschwister zusammenhalten

SANDRA: Das ist eigentlich schön.
Irgendwie ist es ganz gut,
bei der Kirche mit
dabei zu sein.

Ich kann abgelehnt werden,
wenn ich schlicht und einfach ich selbst bin.
Aber wenn ich mich willig anpasse,
lehne ich mich selbst ab
und stoße mich selbst aus meiner Mitte.

Clarissa Pinkola Estés

Firmung – Das Ritual

Ein Ritual ist eine Handlung, eine Geste oder Gebärde, die seit alters immer in derselben oder ähnlichen Art vollzogen wird. Ein Ritual gibt uns die Chance, Dinge zu zeigen oder zu sagen, die wir uns sonst vielleicht nicht zu zeigen oder sagen trauen.

Im Ritual der Firmung wirst du gesegnet durch Handauflegung und Chrisamsalbung. Segnen bedeutet:
Die besten Kräfte, all deine Begabung, die in dir ist, sollen aus der Tiefe ans Tageslicht geholt werden.
Du – mit deinen Stärken, mit deinem inneren Feuer – bist von der Kirche anerkannt.

Bekenntnis zum Glauben

Das Ritual beginnt mit eurem Bekenntnis zum Glauben:
Ihr Firmlinge und euer Firmpate stehen dazu gemeinsam auf. Der Firmspender wird euch Fragen zum Glauben stellen.
Z. B.: »Glaubt Ihr an Gott, der uns Mutterschoß ist und Geborgenheit schenkt, dem Konflikte aber nicht fremd sind?«
Ihr antwortet auf diese und die weiteren Fragen:
»Wir glauben.«

Das Herausschreiten

Für die Begegnung mit deinem Firmspender schreitest du mit deinem Paten oder deiner Patin den Seitengang heraus und gehst langsam durch den Mittelgang auf den Priester zu.
Vorne beim Firmspender sprichst du laut und deutlich deinen Namen. Dein Firmpate steht hinter dir und legt seine Hand auf deine rechte Schulter. Damit drückt er oder sie aus: »Ich begleite dich! Ich beschütze dich auf deinem Weg durch das Leben!«

Die Handauflegung

Der Firmspender legt dir seine Hand auf die Stirn.
Die Handauflegung will sagen: »Du bist gemeint!
Du bist von Gott geliebt! Wir, deine Pfarrgemeinde, wünschen dir Segen. Kehre
deine besten Seiten nach außen.
Sei, der du bist. Lebe dein Leben
und nutze deine Begabung
zu deinem Wohl und zum Wohle
deiner Gemeinschaft!«

Die Chrisamsalbung

Nun zeichnet dir der Firmspender mit Chrisam ein Kreuz auf deine Stirn. Chrisam ist ein wohlriechendes Öl. Diese Salbung ist eine ganz alte Gebärde. Priester, Könige und Propheten wurden mit Chrisam gesalbt. Schon bei deiner Taufe wurdest du mit Chrisam gesalbt. Mit der Salbung will die Kirche ausdrücken: »Du bist ein König, eine Königin! Du bist Priester, Priesterin! Du bist Prophet und Prophetin! Sei dir deiner eigenen Würde bewusst. Lebe dein Leben!«
Der Firmspender spricht dabei die Worte: »Sei besiegelt durch die Gabe Gottes, den Heiligen Geist!«
Du antwortest: »Amen!« – Das heißt: »So sei es!«

Handauflegung und Salbung mit Chrisam – beide Gebärden wollen den Geist in dir wecken, den Geist der Gemeinschaft übertragen.

Deine Augen sind deine Art
die Welt zu sehen,
sie zu betrachten und die Schönheit
und das Erregende
aller sichtbaren Dinge
in dich aufzunehmen.

Deine Lippen sind deine Art
zu sprechen und zu singen,
zu essen und zu küssen und
deine Freude zum Ausdruck zu bringen.

Deine Beine sind deine Art
zu gehen und zu laufen,
zu tanzen
und dich an jenen Ort zu bewegen,
der dir gefällt.

Dein Herz ist deine Art
zu lieben und dich zu öffnen
für all das,
was dir wertvoll ist.

Dein Körper ist deine Art
zu leben, zu handeln
und hier und jetzt zu sein,
wie du bist.
Er ist der lebendige Ausdruck
deiner selbst.

AUTOR UNBEKANNT

Die folgenden 4 Seiten sind frei
zu deiner persönlichen Gestaltung.
Bilder, Erinnerungen, Gedanken
oder Fotos von deiner Firmung;
als Poesiealbum für deine Freunde
und Freundinnen ...

*Es bedarf eines heldenhaften Abenteuers,
eines Hinabsteigens in die eigene Tiefe,
wenn man seine echten Wünsche
entdecken will.*

Sam Keen

Ich ging in die Wälder,
weil ich bewusst leben wollte
Ich wollte das Dasein auskosten
und das Mark des Lebens
in mich einsaugen!
Und alles fortwerfen,
das kein Leben barg,
um nicht in meiner Todesstunde inne zu werden,
dass ich nie gelebt hatte.

Henry David Thoreau

Wer aus der Reihe tanzt,
lebt intensiver.

Allan Guggenbühl